AF473429

OBSERVATIONS

D'UN ANCIEN DÉPUTÉ AU CORPS LÉGISLATIF,

SUR LA NECESSITÉ

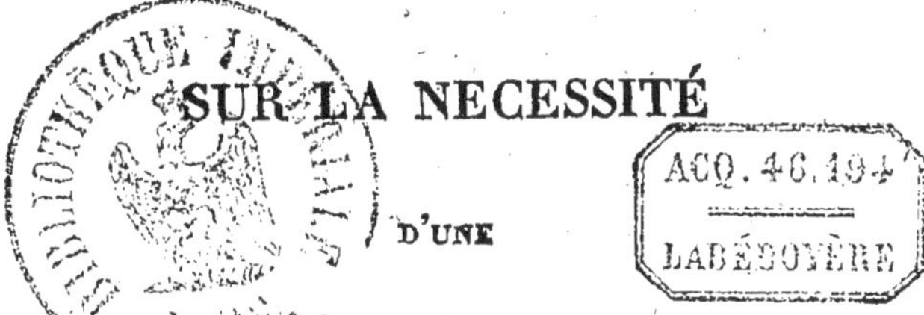

D'UNE

CHARTE CONSTITUTIONNELLE

LIBREMENT DISCUTÉE ET ACCEPTÉE

PAR LES

REPRÉSENTANS DE LA NATION.

PARIS.

1814.

Je n'ai point pour but de démontrer, dans cet Ecrit, qu'un Gouvernement ne peut être *légitime* qu'autant qu'il est fondé sur l'autorité des lois; cette vérité, qui résulte de la seule définition du mot *légitime*, me parait trop évidente pour être susceptible de démonstration. L'objet que je me propose est de prouver, par les faits, qu'une loi constitutionnelle, librement adoptée par la Nation ou par ses Représentans, est beaucoup plus nécessaire au salut du Gouvernement, qu'à la sûreté des Citoyens.

OBSERVATIONS

SUR LA NÉCESSITÉ

D'UNE

CHARTE CONSTITUTIONNELLE.

UNE famille, que la nation française est habituée à chérir et à respecter, est rappelée sur le même trône où plusieurs de ses ancêtres avaient apporté les qualités qui font le bonheur des peuples : un prince qui, au faîte de la grandeur, avait manifesté les principes les plus justes, les plus populaires, qui s'est montré généreux dans l'adversité, qui est instruit par une longue expérience dans la connaissance des hommes et des choses, tient les rênes du Gouvernement, et nous présente déjà la perspective de l'avenir le plus heureux.

Tous les bons citoyens, tous les amis de l'ordre et de la paix, tous ceux qui pensent assez bien pour confondre leur intérêt particulier avec l'intérêt général, qui veulent n'être heureux que par le bonheur commun, qui ne font pas consister leur attachement pour le prince dans de vaines démonstrations, mais qui se font un devoir de seconder ses efforts, de le servir fidèlement, désirent fortement voir la couronne de France affermie pour toujours sur la tête de ce prince et des membres de sa famille. La révolution est finie : il faut que nous n'en ayons plus à craindre, que toutes les divisions cessent, que tout esprit de parti s'éteigne, qu'il n'existe plus de ligne de démarcation entre les citoyens; que nul individu, nulle coterie, nulle faction, ne puissent plus, par des menées sourdes, par de basses intrigues, troubler la tranquillité publique, et donner des inquiétudes au Gouvernement.

Nous ne devons pas nous dissimuler qu'il est encore environné de beaucoup d'écueils. Des hommes turbulens et agitateurs par caractère ou par besoin, voudraient que le Roi servît aveuglément leurs vues ambitieuses. Ils ne l'aiment qu'en raison du bien qu'ils en attendent. Ils ne s'empressent autour de lui que pour l'accabler par leurs importunités, pour lui arracher des faveurs qu'il ne peut pas leur accorder, pour obtenir des récompenses qu'ils n'ont pas méritées. Leur enthousiasme, toujours simulé, ne dure qu'autant qu'ils sont satisfaits. La volonté du prince, aux pieds duquel ils se vautrent, ne compte pour rien auprès d'eux, dès qu'elle a pour objet des mesures qui blessent d'une manière quelconque leurs intérêts particuliers. Rarement ils sont contens, quelque bien qu'on leur fasse; ils sont toujours prêts à pratiquer de nouvelles manœuvres, pour amener d'autres changemens, dans l'espoir de quelque chose de mieux. Ce n'est donc pas de leurs désirs qu'il faut s'occuper, mais du besoin de la nation.

Or, que veut aujourd'hui la Nation? que peut-elle constamment vouloir? ce qu'elle voulait en 1789; ce que le Roi voulait encore plus fortement qu'elle: la cessation de l'arbitraire, la répression des abus, l'abolition des priviléges qui faisaient peser toutes les charges de l'Etat sur la classe des citoyens les plus utiles, un Gouvernement sage, juste, économe et vigoureux, autour duquel elle puisse se rallier franchement et loyalement, avec la certitude que rien ne pourra jamais dissoudre cette union, et séparer ses intérêts de ceux du prince.

Cela ne peut être ainsi que par l'effet d'une confiance entière et réciproque, soutenue par des institutions sages et assez fortes pour résister à toutes les attaques de la jalousie, de l'intrigue et de l'ambition. Quelques hommes estimables ont manifesté des doutes sur la nécessité d'une Constitution. Entraînés par le désir de plaire, ou par un zèle mal-entendu, ils ont demandé au Roi qu'il voulût bien s'emparer de la puissance suprême, et ne pas permettre qu'il y fût mis de bornes. Ils n'ont pas fait attention que dans l'état où les esprits et les choses ont été amenés en France, nul Gouvernement ne peut plus s'y soutenir qu'avec l'appui de la Nation, et que cet appui ne peut lui être sssuré que par un Pacte social, dans lequel les droits du peuple et le pouvoir du Prince seront sagement calculés et balancés. Il ne peut exister d'ennemis des lois que parmi les malfaiteurs qui en redoutent le glaive, ou parmi les égoïstes qui voudraient qu'il ne fût mis aucun frein à leur ambition.

L'on pourra me répondre que nous n'avons jamais eu autant de Constitutions que depuis vingt-cinq ans; que toutes ont été renversées presqu'aussitôt qu'elles ont été formées, et que nous n'avons jamais été plus malheureux. Mais cela prouve seulement que ces Constitutions faites précipitamment, au milieu d'une infinité de partis, n'ont pas eu le degré de perfection nécessaire pour être durables. D'ailleurs, elles ont été livrées, sans leurs appuis naturels, sans aucune des précautions que la sagesse prescrivait, à des mains trop faibles pour les défendre, ou à des hommes qui, ne réunissant pas tout ce qui était nécessaire pour se concilier l'estime et la confiance générales de la Nation, n'ont pas été suffisamment soutenues par elle, et ont dû nécessairement succomber sous les efforts des factions liguées contre tout ce qui tendait au rétablissement de l'ordre et de la vraie morale publique.

Aujourd'hui nous ne sommes plus dans la même position, nous n'avons plus les mêmes inconvéniens à craindre, pourvu que, bien pénétrés des causes qui les ont amenées, nous sachions mettre à profit les leçons de l'expérience, et éviter les écueils contre lesquels nos prédécesseurs ont échoué.

Sous les Rois de la première race, le Gouvernement était une démocratie tempérée par le pouvoir du prince et des grands, qui formaient un conseil chargé du pouvoir exécutif. Le peuple, réuni au Champ-de-Mars, exerçait la puissance législative ; mais il négligea dans la suite de se rendre à ces assemblées. Le prince s'empara de ses droits, mais il en fut bientôt dépouillé par les grands ; et il devint à son tour l'esclave et la victime du pouvoir qu'il leur avait laissé prendre. Dès qu'il eut épuisé les bénéfices avec lesquels il les avait gagnés, cette première race de nos Rois fit bientôt place à une autre.

Charlemagne sentit que sa famille ne pourrait se soutenir sur le trône qu'elle venait d'usurper, qu'avec l'appui d'un Gouvernement régulier et juste ; un de ses premiers soins fut de rétablir les droits de la nation : ses représentans aux assemblées du Champ-de-Mars exercèrent de nouveau toute la puissance législative. Charlemagne ne conserva dans ses mains que le pouvoir exécutif, et celui de faire, dans des cas extraordinaires, des règlemens qui n'acquéraient force de loi que lorsqu'ils avaient été confirmés par l'assemblée de l'année suivante.

Ce Gouvernement, un des plus sages qui aient existé, péchait essentiellement, en ce qu'il ne réglait pas, d'une manière assez précise, la forme dans laquelle l'assemblée du Champ-de-Mars devait procéder à la confection des lois, et sur tout en ce qu'il ne rendait pas la réunion de cette assemblée, et son existence, indépendantes de la volonté du Prince. Les successeurs de Charlemagne, en établissant la féodalité et en cessant de convoquer les assemblées du Champ-de-Mars, opérèrent la ruine du Gouvernement et de leur famille.

Cependant la puissance féodale éprouva quelques secousses sous le règne de Philippe-Auguste, de Saint-Louis, et de Philippe de Valois, et la Nation recouvra, du moins en apparence, une partie de ses droits, par le rétablissement des assemblées de ses représentans, sous la dénomination d'*Etats-généraux*.

Il s'était écoulé, sous les règnes de Henri IV, de Louis XIII, de Louis XIV, de Louis XV et de Louis XVI, un espace de près de cent quatre-vingt ans sans qu'ils eussent été convoqués ; mais les Parlemens s'en étaient arrogé les pouvoirs. Quoique l'enregistrement des lois, par ces Cours souveraines, fût une formalité presque toujours illusoire ; quoiqu'il ne fût pas suffisant pour remplacer le consentement de la Nation, qui ne leur en avait pas transmis le droit, il n'atteste pas moins que la nécessité de ce consentement a toujours été reconnue, même par les Princes qui avaient exercé en France le pouvoir le plus absolu.

Le pouvoir arbitraire s'était soutenu, avec l'appui de la noblesse et du clergé, qui en retiraient tous les avantages, parce que, pendant long-temps, le Gouvernement avait été dirigé par des mains habiles, et que le peuple français, naturellement doux et insouciant, habitué à chérir ses Rois et à respecter leur volonté, avait fini par s'y soumettre aveuglément.

Mais tout pouvoir qui est absolu, est nécessairement accompagné de beaucoup d'abus : or, les abus amènent nécessairement le désordre, le mécontentement, et, par une suite nécessaire, le renversement du pouvoir sous lequel ils se sont établis ; alors les grands ne cherchent qu'à se maintenir dans la mollesse, dont ils se sont fait un besoin : les autres classes, accablées sous le poids des charges que le Gouvernement leur impose, n'ont jamais la volonté de le servir. Tous les individus s'isolent pour ne s'occuper que d'eux-mêmes ; ceux qui souffrent, ne soupirent qu'après le moment où ils pourront sortir de l'état où ils se trouvent, et ils se flattent toujours d'être plus heureux dans un nouvel ordre de choses. Les uns et les autres, loin d'aider à conserver celui qui existe, sont toujours prêts à faire ou laisser faire tout ce qui tend à le détruire : notre révolution nous en offre un exemple bien frappant.

« En 1787, dit M. de Bouillé dans ses « Mémoires, le trésor public était épuisé, « les fonds étaient prodigués à cette foule « d'insectes qui composaient ou environ- « naient la cour. Le désordre des finances « allait toujours croissant, quoique, dans « l'espace de peu d'années, les impôts « eussent été augmentés dans la propor- « tion de quatre à trois. Ce désordre, oc- « casionné par une suite non interrom- « pue d'extravagances, avait été encore « augmenté par la guerre d'Amérique,

« qui avait coûté douze cent millions. »

M. l'abbé Tardeau avait tenu à-peu-près le même langage dans le rapport qu'il fit au Parlement, en présence du Roi, le 19 novembre 1787.

C'est ainsi que, sous le règne de ce prince vertueux, l'immoralité, les abus avaient été portés à leur comble, et que toutes les ressources de l'Etat avaient été épuisées. La fiscalité la plus subtile ne put jamais parvenir à élever les revenus au niveau des dépenses; un vide affreux s'y faisait remarquer chaque jour d'une manière effrayante. Le Roi voulut établir de nouveaux impôts pour faire face à ce déficit; mais les Parlemens s'y opposèrent avec une opiniâtreté qu'il ne put jamais parvenir à vaincre.

Il réunit alors tous les notables du royaume pour délibérer sur les moyens à prendre dans la position critique où il se trouvait. Il leur proposa un plan de restauration qui tendait à une répartition plus égale des impôts, à l'abolition de quelques privilèges, à des changemens dans l'administration des provinces, etc. etc.

Ce plan froissait les intérêts de tous ceux qui composaient l'assemblée à laquelle il était soumis. La majorité d'entr'eux fut sourde aux exhortations du Roi; il eut beau prendre à leur égard les engagemens les plus solennels et les plus propres à les tranquilliser pour l'avenir, « les assurer que s'ils refusaient les secours qu'il leur demandait, le salut de l'État serait essentiellement compromis, » rien ne put vaincre leur obstination et leur égoïsme; le plan proposé fut rejeté.

Le Roi le remplaça par d'autres que le Parlement de Paris rejeta également, malgré tout l'appareil de la puissance déployé pour le forcer à les accepter; il voulut alors créer une Cour plénière, au moyen de laquelle il pût écarter les Parlemens, et se débarrasser des entraves qu'ils mettaient à ses projets de restauration;

mais le Parlement de Paris déclara infâmes ceux qui accepteraient des places dans cette Cour ; celui de Rennes se distingua aussi par la véhémence de ses arrêtés ; tous les autres suivirent ces exemples, et le Roi fut forcé de renoncer à la Cour plénière. On parvint même à monter le peuple à un tel point, que des princes, qui font aujourd'hui l'espoir de la France, coururent des dangers lorsqu'ils furent à la Cour des aides pour y faire enregistrer les édits que le Parlement avait refusé d'enregistrer.

L'on se rappelle toujours avec attendrissement les sentimens paternels que le Roi manifesta dans cette occasion, et le chagrin qu'il éprouva de se voir privé des secours qu'il avait lieu d'attendre du dévouement des notables de son royaume. Ce prince malheureux avait été doué par la nature de toutes les qualités qui caractérisent un bon père de famille, un parfait honnête homme. Son éducation avait ajouté à ces qualités les sentimens et les principes d'un Roi vraiment populaire ; mais il eut le défaut de toutes les belles ames, celui de croire trop aveuglement à la vertu des hommes, et de n'être pas assez en garde contre les piéges de toute espèce que lui tendaient les passions qui se groupent toujours autour des trônes, et qui ne permettent jamais au vrai mérite d'en approcher.

La résistance des ordres privilégiés et des Parlemens aux vues paternelles du Roi, le mirent dans la nécessité de recourir à la Nation toute entière ; il compta sur l'amour, sur la fidélité de ses sujets, et les Etats-Généraux furent convoqués.

Ils l'avaient été pour la dernière fois en 1614. Le Tiers-Etat y avait été absolument nul, parce qu'il avait été formé de manière à donner une prépondérance absolue au clergé et à la noblesse.

Tous ceux qui tenaient au parti opposé au Roi s'étaient flattés que le même système serait adopté pour les Etats de 1789, et qu'ils les maîtriseraient à leur gré. Ils n'avaient rien négligé pour rendre leur convocation indispensable.

Le clergé se flattait de faire retirer l'édit des protestans, et de se dispenser pour l'avenir des faibles rétributions auxquelles il avait été de temps en temps soumis, lorsque des besoins très-pressans l'avaient exigé; les nobles voulaient abaisser les favoris de la Cour dont ils étaient jaloux, et se mettre à leur place; les Parlemens voulaient se venger des humiliations qu'ils avaient éprouvées depuis quelques années, et partager avec le Roi l'autorité souveraine.

Les uns et les autres n'étaient occupés qu'à sapper la puissance du Roi, qui mettait obstacle à leurs projets; ils n'épargnaient pas même sa personne et sa famille, pour les rendre en quelque sorte odieux au peuple. Indépendamment des vues dont je viens de parler, tous en voulaient à ce prince infortuné, de ce qu'il avait toujours manifesté des vertus qu'ils étaient loin de partager, et des principes contraires à leur ambition, à leurs priviléges, aux abus dont ils profitaient. Mais rien ne put l'ébranler, ni l'intimider. Il opposa aux efforts de ceux qui voulaient le subjuguer, une fermeté qui malheureusement ne se soutint pas assez long-temps. Il fut en conséquence décidé, malgré la résistance la plus opiniâtre de la part des priviléqiés, d'abord que le tiers-état aurait un nombre de députés égal à celui de la noblesse et du clergé réunis, et ensuite qu'il serait délibéré par têtes et non par ordres, ce qui enlevait aux privilégiés la prépondérance sur laquelle ils avaient fondé tout leur espoir.

Le peuple avait été jusque là tout-à-fait étranger à ces débats, à ces calculs de la politique des Cours; il souffrait patiemment les maux qui pesaient sur lui, et il ne pensait pas même qu'il fût possible d'y apporter remède. La révolution était déjà faite par les ordres privilégiés, lorsque la convocation des Etats-Généraux lui fut annoncée. Il était peu en état d'apprécier le bien qui pouvait en résulter pour lui, et de juger s'il devait réellement s'en féliciter ; il ne savait pas s'il en était redevable à la résistance des Parlemens ou aux vues bienfaisantes de Louis XVI, et il était resté indifférent sur les débats dont il avait été le témoin. Mais les discussions qui eurent lieu aux Etats-Généraux, les prétentions exagérées des ordres privilégiés, ne tardèrent pas à éclairer le peuple sur les intentions paternelles du Roi, qui devint dès ce moment-là son idole. Jamais prince n'a joui d'un amour plus général et plus sincère.

La fermeté du Roi désespéra les ordres privilégiées qui ne s'y étaient nullement attendus ; dès ce moment-là ils se mirent en guerre ouverte contre lui, pour l'allarmer sur les suites du systême qu'il venait d'adopter ; ils provoquèrent des émeutes populaires, des agitations, des troubles, des atrocités qu'ils ne manquèrent pas de faire considérer comme le résultat de ces systêmes.

C'était attaquer, par l'endroit le plus sensible, ce bon prince, à qui l'on avait soin de tenir cachés les ressorts secrets par lesquels on faisait mouvoir tout ce qui se passait autour de lui. On parvint à lui inspirer des craintes sur la loyauté, sur la fidélité des représentans du peuple ; on fit intervenir le Pape ; sa conscience fut allarmée ; il montra de l'hésitation. Ses ministres agirent souvent d'une manière opposée à son langage et à ses principes, qu'ils ne partageaient pas. On lui fit faire de fausses démarches, qui firent naître des doutes sur la loyauté de sa conduite et de ses promesses, et la confiance que le peuple avait en lui, en fut altérée. L'Assemblée nationale fut elle-même souvent entraînée hors des limites que la sagesse lui prescrivait; sa marche fut bientôt aussi incertaine que celle du ministère ; ses séances devinrent une arène dans laquelle les différens partis se disputaient le terrein pied à pied; dès lors, il n'y eut plus que trouble et confusion.

Les bons citoyens, ceux que j'appellerai les Patriotes royalistes de 1789, étaient vivement affligés de toutes ces agitations, du désordre qui en résultait et dont il était aisé de prévoir les suites. Ils se rallièrent au parti du Roi, aux principes qu'il avait proclamés; et ils y sont constamment restés attachés; ils n'ont cessé depuis d'être en butte aux traits de la méchanceté, de la vengeance du parti qui lui était opposé, et comme lui, presque tous en sont devenus les victimes.

Ne perdons jamais de vue que parmi celles du terrorisme de 1793, de la réaction de 1794, et de toutes celles qui se sont succédées depuis, l'on ne trouve, en général, que des nobles qui, comme les d'Estaing, les Malesherbes, s'étaient montrés attachés à Louis XVI, à ses principes, et des administrateurs ou autres fonctionnaires publics qui, fidèles aux mêmes principes, étaient restés étrangers à toutes les factions, à toutes les horreurs qu'elles avaient fait commettre, et s'étaient toujours montrés fidèles au Roi, en faisant exécuter les lois proclamées en son nom.

Quelque masque qu'aient pris ceux qui les ont proscrits, est-il une seule personne instruite et de bonne foi, qui puisse se méprendre sur les véritables provocateurs de tant de crimes? Peut-on ignorer que la plupart des hommes à qui ces crimes paraissent inspirer aujourd'hui tant d'horreur, sont ceux-là mêmes à qui il faut les attribuer ? Ne voit-on pas qu'ils n'ont d'autre but, dans leurs violentes déclamations, que de faire oublier, s'il était possible, qu'ils en sont eux-mêmes les auteurs ou les instigateurs, et de détruire les restes de ce parti populaire, dont les vertus, les principes et le dévouement, les offusquent encore et troublent leurs consciences agitées?

Ce fut au milieu de la lutte de toutes les passions, que l'Assemblée nationale discuta la Constitution de 1791 ; elle ne put pas, dans cette discussion, se maintenir dans le calme qu'un si important objet aurait exigé, et dans l'attitude loyale et grande qu'elle avait prise ; son ouvrage ne fut pas aussi parfait qu'on l'aurait désiré ; par surcroît de malheur, elle fut forcée de se séparer pour assurer le maintien de la Constitution qu'elle avait faite, et pour affermir l'autorité qui devait la maintenir.

Louis XVI perdit en elle son unique appui. Les factions s'agitèrent dans tous les sens, avec une violence extrême, sous l'Assemblée législative. Isolé au milieu de toutes ces factions, le Roi trompé, égaré par tous ceux en qui il mettait sa confiance, abandonné par tous ceux qui devaient lui servir d'appui, n'apercevait de toutes parts que des piéges qui lui étaient tendus; il ne lui restait d'autre moyen de salut, que dans le dévoûment de la nation, mais on lui avait inspiré des craintes, de la méfiance; il n'osa pas employer ce moyen, et son trône, que la nation cessa de soutenir, fut renversé comme vient de l'être celui de Bonaparte (1).

C'est au milieu de ces désordres que

---

(1) Le gouvernement impérial a été plusieurs fois attaqué dans l'intérieur, et jamais la nation n'a songé à le défendre; lorsque les puissances de l'Europe se sont coalisées pour le détruire, les Français sont restés étrangers à la lutte qui s'est engagée entr'elles et lui. Si, comme le Corps législatif l'avait demandé dans sa dernière séance, l'Empereur avait rétabli la Constitution, et qu'il en eût corrigé les vices, la France se serait levée pour le défendre, et elle l'aurait sauvé, ou serait tombée avec lui.

fut convoquée cette convocation nationale, contre laquelle on se déchaîne avec tant de fureur, et qui cependant, en l'absence de tout Gouvernement, en présence des armées ennemies qui venaient d'envahir une partie de la France, au milieu des poignards dont on avait armé l'anarchie, eut le courage de prendre les rênes d'un Gouvernement qui n'existait plus, d'en rassembler les lambeaux dispersés de toutes parts; et sans finances, sans armées, sans crédit, parvint par son énergie, par les grandes mesures qu'elle conçut et qui ont étonné l'Europe, à tirer la France de l'abîme où elle était déjà plongée.

La ville de Paris, par l'influence d'un Comité secret, qui avait provoqué sourdement toutes les agitations dont je viens de parler, avait choisi pour ses représentans dans cette assemblée, Marat, Robespierre, Danton et autres, que les bons citoyens ont toujours regardé comme les agens secrets des ennemis de la

Constitution et du Roi qui avait juré de la maintenir. Ils se hâtèrent de constituer la France en République, avant que tous les députés des départemens fussent arrivés, afin de ne laisser aucun moyen de relever le trône qu'ils avaient renversé au 10 août, et de sauver le Roi dont ils avaient juré la perte.

Ils avaient établi les Clubs des Jacobins et des Cordeliers, à côté de la Convention, pour la maîtriser; et dans ces Clubs, ils avaient placé des conspirateurs, couverts du masque du patriotisme le plus exalté, pour en diriger la marche vers le but qu'ils avaient en vue, et faire proscrire les hommes qui y mettaient obstacle par leur énergie et leur fermeté.

Les députés de Paris étaient encore soutenus par la même assemblée qui leur avait donné ses suffrages, par une municipalité toujours prête à se mettre à la place de la Convention, au premier signal des meneurs, et par la grande masse des habitans de Paris, qu'on égarait, qu'on soulevait toutes les fois que c'était nécessaire pour l'exécution de quelqu'un de leurs projets.

Tirons un voile sur toutes les horreurs que ces monstres ont fait commettre, et qui ont fait verser des larmes si amères à tous les Français vraiment attachés à leur patrie et à leur Roi. Puissent tous ceux qui ont à se les reprocher, se rendre assez de justice pour ne jamais nécessiter une justification complète de la part de ceux qu'ils ont l'impudeur d'en accuser.

L'établissement du gouvernement directorial qui remplaça la Convention, trompa les espérances des factieux; mais ils ne tardèrent pas à sentir qu'un pouvoir divisé entre cinq individus, et toujours contrarié dans sa marche par un autre pouvoir établi à côté de lui, ne se soutiendrait pas long-temps. Les factieux, les mal-intentionnés firent jouer tous les ressorts de leur perfide tactique pour diviser ces deux pouvoirs, et pour les entraîner dans des écarts dont ils profitèrent pour les détruire. Tiraillé dans tous les sens, le Directoire ne savait plus à qui il devait accorder sa confiance. On parvint à lui faire suspecter les meilleurs citoyens, et il finit par adopter un système de bascule, qui le laissant isolé au milieu des factieux, le fit succomber sous les premiers efforts qui furent faits pour le renverser.

Toute la France se serait alors rangée du côté des Bourbons, si les propos, les jactances, les menaces de ceux qui se disaient leurs agens, n'avaient pas fait naître les plus vives alarmes dans tous les bons esprits, et fait redouter la réaction la plus cruelle. Malheureusement les hommes qui n'agissent pas par eux-mêmes ne peuvent être jugés que par ceux qui les servent ou qui paraissent les servir; et quels princes furent jamais plus mal servis, et trompés plus cruellement que les Bourbons, par ceux qui affectèrent pour eux le plus absolu dévouement ? Que de sommes détournées de la destination que ces princes leur avaient donnée, n'ont été employées que pour l'intérêt particulier de ceux à qui elles avaient été confiées ? Que de gens se font un mérite d'un zèle qui n'était provoqué que par leurs intérêts personnels, et qui n'a été utile qu'à eux ?

Ce ne fut que par ces motifs que, lorsque la chute du gouvernement directorial parut inévitable, ceux qui s'occupèrent à lui en subtituer un autre n'appelèrent pas les Bourbons. Ils proposèrent d'abord à Moreau d'en être le chef ; mais fidèle alors à sa patrie et à ses principes, il repoussa cette proposition avec une sorte d'horreur : elle fut faite à Bonaparte, qui était trop ambitieux pour la refuser.

Beaucoup de basses manœuvres que je n'ai pas approfondies, furent pratiquées à cette époque ; mais enfin le gouvernement consulaire fut établi sous la constitution de l'an 8. Toutes les factions espéraient s'emparer de lui, et le faire servir d'instrument à l'exécution de leurs projets. Il se joua de tous les factieux; ils s'en sont vengés en flattant ses passions et en l'excitant à mille extravagances qui l'ont amené à sa perte.

Louis XVIII, qui le remplace sur le trône, y a été appelé par le vœu de la nation, et accueilli avec enthousiasme par les vrais Français. Tous désirent qu'il y soit affermi d'une manière inébranlable; mais comment pourrait-on l'espérer après tous les exemples que l'histoire nous présente, sans une Constitution qui lui serve d'appui?

Sans cet appui, qui le garantira des secousses auxquelles il sera continuellement exposé, même de la part de ceux qui prétendent être ses amis exclusifs? Ils forment autant de partis qu'il y a parmi eux de coteries; chacune a ses vues particulières, et chacune voudrait que le prince agît toujours dans le sens qui lui serait le plus favorable.

Déjà ne voit-on pas ses ordres méconnus par eux dans plusieurs départemens? Jamais la rentrée des impôts ne fut si nécessaire, et cependant ses amis exclusifs se révoltent contre ceux qui sont chargés de les percevoir. Jamais il ne fut plus essentiel de voir l'union la plus parfaite régner entre tous les Français, et jamais on n'a mis à les diviser plus d'acharnement qu'on n'en met dans ce moment.

Sera-ce sur le dévouement de ces agitateurs que le prince établira la solidité de son gouvernement? Il n'en recevra certainement jamais le conseil de la part de ceux qui lui sont véritablement attachés.

Ceux qui demandent un gouvernement absolu prétendent qu'il faut revenir à ce qui existait en 1789. Mais outre que les lumières sont aujourd'hui généralement répandues, que tous les citoyens connaissent leurs droits, et les limites des pouvoirs du prince appelé à les gouverner ; les pouvoirs du roi étaient, en 1789, circonscrits et balancés par les prérogatives que les parlemens s'étaient arrogés, et par les priviléges du clergé, de la noblesse, qui leur servaient de contre-poids. Tout cela n'existe plus en France, et ne peut plus y exister. Ce serait une grande erreur que de prétendre le contraire. D'ailleurs, demander qu'on rétablisse les choses dans l'état où elles étaient en 1789, n'est-ce pas demander, en d'autres termes, qu'on reproduise les causes qui ont amené la révolution ?

Le Roi, sans une Constitution, n'aurait donc qu'un pouvoir sans appui, par conséquent exposé à toutes les entreprises des factieux et des mécontens, qui chercheraient à le renverser.

J'ai donc eu raison de dire qu'un Pacte social est bien plus nécessaire au Roi pour le maintien de son autorité, qu'à la nation pour la conservation de ses droits. Mais qu'entend-on par une Constitution ou Charte constitutionnelle? Ce n'est pas sans doute une déclaration de quelques principes vagues susceptibles de toutes les interprétations qu'on voudrait leur donner ; car il vaudrait mieux n'en avoir aucune. Toute Constitution qui serait incomplète pourrait devenir, entre les mains d'un usurpateur, un instrument qui ne servirait qu'à lui faciliter le moyen d'envahir le pouvoir suprême s'il y aspirait.

Il faut donc que chacune des dispositions de la Charte constitutionnelle soit développée avec beaucoup de clarté ; que tous les pouvoirs soient bien déterminés, et que leur indépendance soit stipulée de manière qu'ils ne puissent jamais empiéter l'un sur l'autre : il faut sur-tout qu'une autoriré ne puisse jamais se considérer comme l'ouvrage de l'autre, car cela seul détruirait son indépendance ; et de là résulte la nécessité de présenter la Charte constitutionnelle à l'acceptation du peuple.

Mais c'est en vain qu'on présenterait la Charte constitutionnelle à l'acceptation des Français, si on ne la soumettait d'avance à la discussion et à l'approbation de leurs représentans. La faculté d'accepter ou de refuser une Constitution, suppose en effet la faculté d'en examiner et d'en discuter séparément chaque disposition ; or, cet examen ne pouvant pas être fait par la nation, il faut bien qu'il soit abandonné à ceux qui la représentent, et à qui elle a confié le soin de la défendre.

Si la Charte constitutionnelle qu'on se propose de donner à la France, était exclusivement l'ouvrage d'un individu auquel la nation n'aurait pas conféré le pouvoir de la faire, la majorité des Français ne la regarderait que comme un acte de violence, et ne négligerait rien pour se soustraire à son autorité, ou même pour la détruire. Ce serait en vain qu'on voudrait lui faire entendre qu'elle émane de la volonté d'un Roi *légitime;* on répondrait qu'un Roi n'a d'autre autorité que celle que la Constitution lui défère, et qu'ainsi ce n'est pas à lui qu'appartient le droit de faire la Constitution.

Il est une vérité qu'on ne doit point se dissimuler, et qu'il importe cependant de ne pas perdre de vue, c'est que la génération actuelle n'a jamais reconnu en France aucune autorité qui fût indépendante de la Nation, et qui eût le droit de lui dicter des lois; *Bonaparte* lui même, cet homme dont le déspotisme est en horreur, n'eut jamais assez de témérité pour prétendre que sa volonté dût faire loi : il fit bien professer cette doctrine par quelques-uns de ses satellites; mais, malgré l'adoucissement qu'il croyait y mettre, en se disant le premier représentant de la nation, la France en a fait justice, en demandant à grand cris sa déchéance.

Il serait aujourd'hui d'autant plus dangereux que le prince qui tient les rênes du gouvernement voulût donner seul une Constitution à la France, que ses ennemis personnels ne manqueraient pas de la faire considérer comme un attentat aux droits du peuple; ils profiteraient de la position malheureuse dans laquelle la France se trouve, pour faire entendre que le gouvernement exige des contributions avec la même autorité qu'il impose des lois constitutionnelles; et cette idée suffirait pour aliéner l'esprit de la nation, et pour lui faire perdre la confiance qu'elle doit avoir dans les hommes destinés à la gouverner.

Mais si jamais les individus qui désirent de voir renverser l'ordre de choses qui s'établit, parvenaient à faire suspecter les bonnes intentions des princes qui nous gouvernent, à quelles catastrophes épouvantables ne serions-nous pas exposés ? Tous les partis se déchaîneraient avec violence les uns contre les autres, et le peuple, toujours trompé et ne sachant à qui se rallier, resterait spectateur immobile de leurs guerres et de leurs fureurs, en attendant d'être la proie du vainqueur. On ne saurait donc trop le répéter, ce n'est qu'en inspirant de la confiance à la nation que le Gouvernement peut exiger d'elle les sacrifices nécessaires pour le maintien de sa propre autorité, et pour réparer les malheurs qui ont pesé sur la France; or, ce n'est qu'en renonçant franchement à toute espèce d'arbitraire, ce n'est qu'en laissant librement agir et délibérer les corps chargés de défendre les droits de la nation, que le Gouvernement peut arriver à ce but.

Je ne saurais, au reste, mieux terminer cet écrit, qu'en rapportant une partie du discours que Louis XVI adressa aux représentans de la nation, dans une position-à-peu près semblable à celle où nous nous trouvons aujourd'hui.

« Que par-tout, disait-il, on sache que
« le Monarque et les représentans de la
« nation sont unis d'un même intérêt et
« d'un même vœu. Une volonté suivie,
« un effort général et commun sont ab-
« solument nécessaires pour obtenir un
« succès véritable. Vous vous occuperez
« sûrement avec sagesse et avec can-
« deur, de l'affermissement du pouvoir
« exécutif, cette condition sans laquelle
« il ne saurait exister aucun ordre du-
« rable au-dedans, ni aucune considé-
« ration au-dehors. Il est de votre de-
« voir, comme citoyens et comme fi-
« dèles représentans, d'assurer au bien
« de l'Etat et à la liberté publique, cette
« stabilité qui ne peut dériver que d'une
« autorité active et tutélaire. Ne pro-
« fessons tous, à compter de ce jour,
« qu'une seule opinion, qu'un seul in-
« térêt, qu'une seule volonté, une bonne
« Constitution, la paix, le bonheur et la
« prospérité de la France. »

Ce discours, que j'aurais désiré de transcrire en entier, contient les principes les plus sages. Il serait bon qu'il fût réimprimé, et distribué à tous ceux qui sont appelés à concourir à la confection de notre Charte constitutionnelle; ils y trouveraient des principes que les partisans du despotisme rougiraient peut-être de combattre.

FIN.

www.ingramcontent.com/pod-product-compliance
Ingram Content Group UK Ltd.
Pitfield, Milton Keynes, MK11 3LW, UK
UKHW021121230726
13926UKWH00002B/590